MOYENS

DE POURVOIR AU DÉFICIT

DES ANNÉES 1817, 1818, 1819 ET 1820.

PAR M. R***, ancien Préfet.

PARIS,

J. G. DENTU, IMPRIMEUR-LIBRAIRE,

rue des Petits-Augustins, n° 5 (ancien hôtel de Persan),

1817.

MOYENS

DE POURVOIR AU DÉFICIT

DES ANNÉES 1817, 1818, 1819 ET 1820.

—

Tous les rapports officiels sur l'état de nos finances prouvent évidemment que notre gêne n'est que pour un temps plus ou moins limité. Le revenu excède de beaucoup nos dépenses ordinaires, et sans les charges extraordinaires, que le malheur des évènemens nous a imposées, nous serions dès à présent, sous le rapport des finances, le peuple de l'Europe le plus heureux. Nous le serons encore, et ce aussitôt que nos charges extraordinaires cesseront; et elles doivent cesser à la fin de 1820. Nous pourrions donc jouir, dès l'année 1821, de tout l'excédant de notre revenu sur les dépenses ordinaires, estimé dans le rapport de M. le comte Beugnot à 133 millions, si, pour faire face au déficit que les charges extraordinaires nous occasionnent dans les budgets de 1817, 1818, 1819 et 1820, nous n'étions pas obligés de nous imposer de nouvelles charges, qui doivent nécessairement éloigner encore l'époque de notre libération. Nous pourrons plus ou moins nous en rapprocher, selon les moyens que nous employerons pour combler le déficit des quatre années précitées. Le meilleur système de finances est donc celui qui, sans nous imposer pendant ces quatre années une charge trop forte, nous rapprochera le plus de l'heureuse époque où nous pourrons jouir de l'excédant de notre revenu, sur les dépenses ordinaires, soit pour diminuer les impôts, soit pour pourvoir à des dépenses d'une utilité générale.

Nous trouvons qu'avec les impôts actuels, avec un bon système d'emprunt, et l'abandon à la caisse d'amortissement d'une bien modique portion de nos bois, on peut franchir en peu d'années l'espace qui nous sépare de l'heureuse époque après laquelle nous devons soupirer ; que, dès l'année 1823, nous pourrions jouir d'une partie de l'excédant de notre revenu sur les dépenses ordinaires, c'est-à-dire de 36 millions ; de 67 millions l'année suivante, de 114 l'année d'après, et de 175 en 1826. Nous trouvons de plus, qu'à l'époque de 1825, tous nos emprunts seraient entièrement remboursés ; que la caisse d'amortissement aurait diminué, par le rachat, la masse des rentes actuellement en circulation, de 16,496,000 ; et que le fonds d'amortissement se trouvant élevé à cette même époque à la somme de 52,159,000, il est évident qu'il pourrait, en très-peu d'années, éteindre tout le reste de la dette publique.

Pour obtenir ce résultat, il ne s'agit que de céder à la caisse d'amortissement pour la valeur de cent millions, et emprunter

267 millions en 1817,
154 ——— en 1818,
166 ——— en 1819,
171 ——— en 1820.

De tels emprunts, comme l'a très-bien observé un membre de la commission du budget, ne devraient être qu'un jeu pour la France, comparativement à l'Angleterre, qui pourrait lever dans un seul jour un emprunt d'un millard, si elle en avait besoin.

Nous sommes, à la vérité, dans des circonstances peu favorables au crédit; mais ce crédit peut et doit se ranimer par la conviction de la possibilité de faire honneur avec exactitude, dans un temps très-rapproché, aux engagemens que nous allons contracter. Nous proposons de rembourser les emprunts par quart; savoir : un quart deux ans après celui de l'emprunt, et les trois quarts restans dans les trois années suivantes. Le remboursement de l'emprunt de 1817 commencerait en 1819, et serait entièrement terminé en 1822. Les trois autres emprunts seraient remboursés dans la même progression; de manière que le dernier (celui de 1821) commencerait à être remboursé en 1822, et le serait entièrement en 1826.

Le taux de l'intérêt faciliterait aussi la réussite des emprunts. Quand même on de-

vrait payer pour le premier emprunt 10
pour cent, il conviendrait de s'y soumettre.
Si vous empruntez aujourd'hui à 10, vous
emprunterez l'année prochaine à 8, à 7 l'année d'après, et à 6 l'année suivante.

Enfin, si, pour rassurer parfaitement le
prêteur, il faut un gage, l'État peut le donner. Nous proposons de faire l'emprunt sur
dépôt de rentes, mode connu, et dont on
fait usage tous les jours avec des particuliers.
Le trésor pourra donner en gage les 30 millions de rentes dont on demande la création,
et ce, pour les 267 millions qu'il doit emprunter cette année. La rente tomberait à
44 fr. 50 cent., c'est-à-dire 16 fr. 50 cent.
au-dessous du cours actuel, que les prêteurs seraient encore couverts. Quelle latitude (1)! Ils auraient la faculté de l'aliéner
au cours de la place, si les remboursemens promis n'étaient pas effectués à leur
échéance

____

(1) Il conviendrait peut-être de l'augmenter, à
mesure de l'éloignement des échéances. Ce serait
un moyen de rassurer toujours davantage les es-

A ces conditions, je crois qu'on ne doit pas craindre de trouver cette année, soit en France, soit alleurs, les 267 millions qui,

---

prits, même les plus craintifs, sur la suffisance du gage. Il n'y aurait, et nous ne voyons aucun inconvénient à le faire, qu'à laisser la totalité du gage en dépôt jusqu'à l'entier remboursement de l'emprunt.

Dans cette hypothèse, l'emprunt de 1817, qui est de 267 millions, se trouverait couvert par le gage de 30 millions de rente, que nous proposons, quand même le prix de cet effet viendrait à baisser en 1819, jusqu'à 44 fr. 50 c., c'est-à-dire, 15 fr. 50 c. au-dessus du cours actuel.

En 1820, ce même gage serait encore suffisant au prix de 33 fr. 37 et demi c.

Et en 1812, il le serait encore au prix de 22 fr. 25 c.

L'exemple récent des peuples qui ont subi des catastrophes impossibles à se renonveler, dans un si court espáce de temps, pour une si grande nation telle que la France, prouve que, dans le cas le plus malheureux, la rente conserverait au moins ce dernier prix, et que, par conséquent, dans la supposition la plus désastreuse, qu'il serait absurde d'admettre, le prêteur serait encore à couvert.

Une si grande latitude doit donc rassúrer les prêteurs les plus méfians, et faciliter l'emprunt.

dans notre système, seraient suffisans pour combler le déficit de l'année, ainsi que nous allons le démontrer.

Selon le rapport de M. le comte Beugnot, le déficit de 1817 est de 298 millions.

Le système que nous proposons va le diminuer de. . . . . 31 millions.

____

Ce qui le réduira à . . . . . 267 millions.

Dans le système du rapport, la caisse d'amortissement est dotée de 20 millions de plus qu'elle ne l'est actuellement. Dans le nôtre, elle ne le serait que de 4, tout au plus, puisque nous ne demandons en tout que l'abandon à cette caisse d'une quantité de bois de la valeur de 100 millons.

C'est donc 16 millions d'épargne sur cet article.

Dans le système du rapport, on suppose la dépense de 30 millions par an pour le service des 30 millions de rente nouvelle à créer.

Dans le nôtre, cette dépense n'aurait pas lieu. Cette rente n'étant qu'un dépôt, le trésor s'en paierait à lui-même les arrérages. Si elle figurait en dépense, elle figurerait aussi en recette ; ce qui ferait compensation.

Cette dépense de 3o millions n'étant comptée dans le budget de 1817, et par aperçu, que pour 15 millions, nous ne compterons de même pour l'année 1817, l'épargne sur ce second article, que pour 15 millions également ; cette somme, jointe à la précédente épargne de 16 millions sur la dotation de la caisse d'amortissement, nous donne les 31 millions que nous avons déduits du déficit de 1817.

Dans les budgets de 1816, 1819 et 1820, le service des 3o millions de rentes étant et devant être porté, dans le système du rapport, pour la somme entière de 3o millions, et dans notre système cette dépense n'ayant pas lieu, il s'ensuit que nous aurons pour les exercices 1818, 1819 et 1820, une épargne de 46 millions ; savoir : 16 millions sur la dotation de l'amortissement, et 3o millions sur le service de la dette publique.

Le rapport de M. le comte Beugnot démontre que le déficit de 1818 ne sera plus que de 173 millions. Il le réduit même à 161, parce qu'il compte avec raison que les droits sur la consommation, et d'autres modifications sur les différentes branches du revenu, produiront un excédant de recette de 12 millions.

Quant à nous, désirant plutôt nous trouver au-dessous, qu'au-dessus des espérances les mieux fondées, nous ne compterons, sur cette amélioration de 12 millions, que pour l'année 1820. L'administration aura eu ainsi plus de temps pour perfectionner son système d'impositions, et l'amélioration dans la recette sera alors plus certaine, et même plus forte, que nous ne le supposons dans notre calcul actuel.

Nous portons donc, abstraction faite de toute amélioration, le déficit de chacun des budgets 1818, 1819 et 1820, à 173 millions.

Pour le diminuer, nous avons une épargne, comme nous l'avons démontré, de 40 millions par an. Elle sera de 58 en 1820, puisque nous reportons à cette année l'amélioration que le rapporteur de la commission annonçait déjà pour 1818.

Nous n'appliquons que 19 millions de

notre épargne de 46 millions au budget de
1818, qui, de 173 millions, se trouvera
ainsi réduit à 154 millions.

Il nous restera 27 millions de disponible
pour l'exercice de cette même année, que
nous mettons en réserve pour d'autres besoins. Nous portons par conséquent en réserve, pour 1818,
27 millions, ci . . . . 27,000,000.
Pour 1819, sept millions,
sur les 46 de notre épargne,
sont appliqués à la diminution
du déficit de 173, qui, par
conséquent, ne sera plus que
de 166 millions.

Le surplus des 46 millions
de l'épargne est porté en ré-
serve pour . . . . 39,000,000.
Pour 1820, l'épargne, comme
nous l'avons expliqué ci-dessus,
est de 58 millions, dont 2 seulement servent à la diminution
du déficit, qui, au lieu de 173
millions, sera de 171. Les 56
millions restans de l'épargne

sont portés en réserve, ci. . . . 56,000,000

Ainsi, pour combler le déficit des années 1817, 1818, 1819 et 1820, nous n'aurons besoin d'emprunter, comme nous l'avons déjà annoncé, savoir :

En 1817, que 267,000,000
En 1818, — 154,000,000
En 1819, — 166,000,000
En 1820, — 171,000,000

Nous supposons que le premier emprunt s'effectue à 10 pour cent, il nous occasionnera un intérêt annuel de. 26,700,000

Que le second se fasse à 8 pour cent, et l'intérêt sera de. . 12,320,000

Que le troisième ait lieu à 7 et l'intérêt sera de. 11,620,000

Et que la quatrième se fasse à 6 pour cent, l'intérêt sera de. . 10,260,000

Nous donnerons ci-après les tableaux

nécessaires, où l'on verra les sommes qu'il est indispensable de payer aux époques respectives, tant pour le remboursement du capital, le service des intérêts, et ainsi que par suite des autres ressources que nous allons proposer d'employer (1).

---

(1) Je sais que des personnes très-éclairées sont opposées aux emprunts remboursables à des échéances très-rapprochées. Sans examiner si cette opposition est plus ou moins fondée en thèse générale, je dis que, dans notre situation particulière, ce mode est préférable à celui d'aliéner des rentes. Pour s'en convaincre, il n'y a qu'à comparer le résultat des deux systèmes. D'ailleurs, quelle est l'objection principale contre les emprunts remboursables ? Si, par un événement quelconque, disent les antagonistes de ces sortes d'emprunts, il vous survient un déficit, soit par un accroissement forcé d'une dépense imprévue, soit par une diminution dans vos recettes, vous courez le risque de manquer à vos engagemens et de bouleverser le crédit. Mais que feriez-vous, leur répondons-nous, en pareil cas ? Que feriez-vous dans le système de l'aliénation des rentes, si, par exemple, en 1817, par un événement quelconque, vous vous trouviez en déficit de cent millions ? J'imagine qu'au lieu d'aliéner 30 millions de rentes, vous proposeriez

En effet, les fonds que nous avons mis en réserve pour effectuer tous ces paiemens, ne seront pas suffisans. Nous aurons, à la vérité, en l'année 1821, époque à laquelle nos charges extraordinaires doivent cesser, nous aurons, dis-je, l'excédant du revenu sur les dépenses ordinaires que nous pourrons appliquer à tous ces remboursemens, et nous prions le lecteur de se souvenir que ce même excédant, d'après le rapport de M. le comte Beugnot, est de 133 millions. Mais avant l'année 1821, nous aurons des remboursemens assez considérables à faire, et pour une partie desquels nous croyons devoir y satisfaire par de nouvelles émissions de rentes.

Mais ces émissions n'affecteront pas le crédit public : elles n'accroîtront jamais la

____

d'en aliéner 40. Eh bien ! si cette mesure est la seule convenable, rien ne vous empêchera, le cas échéant, de l'employer aussi dans le système des emprunts remboursables. Vous pourrez bien plus facilement et plus avantageusement aliéner 10 millions que 40, et pourvoir ainsi et au déficit imprévu et aux engagemens contractés.

masse de rentes actuellement en circulation ; car on n'en émettra que lorsque la caisse d'amortissement en aura déjà racheté une plus grande quantité que celle que le service des remboursemens obligera d'émettre.

D'ailleurs, ces émissions ne seront pas considérables ; il n'y en aura que quatre en quatre années différentes. Il n'y en aura pas ni en 1817 ni en 1818 : c'est donner le temps au crédit de se consolider, ce qui est déjà un avantage.

On verra dans les tableaux ci-après que la première émission aura lieu en 1819.

Elle serait de . . . . . 4,747,000 de rente.
La 2e, en 1820, évaluée à 6,997,000
La 3e, en 1821, évaluée à 854,000
Et la dernière,
en 1822, évaluée à . . . 3,065,000

On verra de même, dans le tableau comparatif de l'amortissement et des émissions, que le rachat surpasse toujours l'émission ;
Qu'en 1819, il la surpasse
de 5,044,000 de rente.
En 1820, de 1,764,000
En 1821, de 4,919,000
En 1822, de 5,702,000

De sorte que , soit qu'on considère l'époque ou la valeur de ces émissions, on sera convaincu de la facilité qu'aura le gouvernement d'en tirer un parti avantageux, soit en les cédant à des compagnies , soit en les faisant vendre en détail ; et que d'ailleurs ces émissions n'ayant lieu qu'à propos, et lorsque la caisse d'amortissement en aura déjà racheté une quantité plus considérable que celle qu'on doit émettre, elles ne pourront porter aucune atteinte au crédit public.

Il est vrai que mes calculs supposent la rente au cours moyen de 70 francs. J'ai fixé ce prix, parce qu'il en fallait un pour calculer ; j'ai fixé ce prix, parce qu'il ne m'a pas paru trop fort. Certes, dès qu'on aura l'assurance qu'il n'y aura aucune nouvelle émission de rente en 1817 ni en 1818, que celles qui doivent avoir lieu se réduisent à quatre, qu'elles n'accroîtront jamais la masse de rentes actuellement en circulation, et qu'au contraire cette masse sera toujours graduellement diminuée, il est évident que la rente ira dès cette année même au-delà de 70 francs.

Au surplus j'observe que, quelque puisse être le taux de la rente, il ne changera rien au résultat du tableau comparatif. Comme j'ai fixé le même prix de 70 francs, tant pour le rachat que pour la vente, le résultat sera toujours le même à tel autre prix que ce puisse être. A un prix inférieur, il faudra émettre, à la vérité, une quantité de rentes plus considérable; mais, en revanche, l'amortissement en rachètera avec le même argent une quantité plus forte. L'inverse aura lieu dans le cas d'un prix supérieur; mais le résultat sera toujours le même pour la balance entre l'*émission* et le *rachat*.

Cette balance sera toujours en faveur du rachat, et ce moyennant l'abandon à la caisse d'amortissement pour une valeur de 100 millions en bois.

D'après notre projet, cette caisse doit être autorisée à les vendre en quatre ans, à raison de 25 millions par an. Toutes les facilités seraient accordées pour les paiemens, afin d'avoir plus de concurrens et vendre à plus haut prix. Les paiemens se feraient par cinquième; le premier comptant, et les quatre cinquièmes restans dans les quatre années qui suivront celle de la vente.

Nous espérons que l'on ne verra dans cette proposition, comme dans tout le reste de notre projet, rien de forcé, rien d'extraordinaire, rien de difficile, et cependant nous avons la confiance de croire qu'après l'examen des tableaux, on restera convaincu,

1° Que l'on peut faire face à nos besoins extraordinaires, sans accroître la masse de rentes en circulation; point essentiel pour le crédit;

2° Qu'en 1725, toute la nouvelle dette sera acquittée;

3° Qu'à cette époque, l'amortissement aura racheté non seulement toutes les nouvelles émissions de rente, mais encore pour 16,496,000 de la rente actuellement circulante;

4° Que dès 1823 on aurait un excédant de revenu sur la dépense de 36 millions;

En 1824, de. . . 67,
En 1825, de. . . 114,
Et en 1826, de. . . 175.

qu'on pourrait employer soit à diminuer

l'impôt, soit à des dépenses d'utilité géné-rale.

J'ai donné tous les calculs en détail, afin que chacun pût les vérifier et se convaincre par lui-mêmè, que nos finances n'ont rien d'alarmant, et qu'en peu d'années, on peut les mettre dans l'état le plus prospère.

TABLEAU N° 1.

Du remboursement des emprunts.

années	1er empr.	2e	3e	4e	TOTAUX.
1819.	66,750,000	»	»	»	66,750,000
1820.	66,750,000	38,500,000	»	»	105,250,000
1821.	66,750,000	38,500,000	41,500,000	»	146,750,000
1822.	66,750,000	38,500,000	41,500,000	42,750,000	189,500,000
1823.	»	38,500,000	41,500,000	42,750,000	122,750,000
1824.	»	»	41,500,000	42,750,000	84,250,000
1825.	»	»	»	42,750,000	42,760,000
	267,000,000	154,000,000	166,000,000	171,000,000	758,000,000

TABLEAU N° 2.

Paiement des intérêts.

années	du 1er empr.	du 2e	du 3e	du 4e	TOTAUX.
1818.	26,700,000	»	»	»	26,700,000
1819.	26,700,000	12,320,000	»	«	39,020,000
1820.	20,025,000	12,320,000	11,620,000	»	43,965,000
1821.	13,350,000	9,240,000	11,620,000	10,260,000	44,470,000
1822.	6,675,000	6,160,000	8,715,000	10,260,000	31,810,000
1823.	»	3,080,000	5,810,000	7,695,000	16,585,000
1824.	»	»	2,905,000	5,130,000	8,035,000
1825.	»	»	»	2,565,000	2,565,000

TABLEAU N° 3.

Emission des nouvelles rentes.

En 1819. . . . . pour 4,747,000 de rentes.

En 1820. . . . . pour 6,997,000

En 1821. . . . . pour   854,000

En 1822. . . . . pour 3,065,000

TABLEAU N° 4.

Paiemens pour le service des nouvelles rentes.

En 1820. 4,747,000

En 1821. 11,744,000

En 1822. 12,598,000

En 1823. 15,663,000

TABLEAU N° 5.

Réunissant tous les paiemens indiqués dans les tableaux
précédens.

années	Pour rembourse-ment du capital.	Pour les intérêts.	Pour le service des nouvelles rentes.	TOTAUX.
1818.	»	26,700,000	»	26,700,000
1819.	66,750,000	39,020,000	»	105,470,000
1820.	105,250,000	43,965,000	4,769,000	153,962,000
1821.	146,750,000	44,470,000	11,744,000	202,966,000
1822.	189,509,000	31,810,000	12,598,000	233,910,000
1823.	122,750,000	16,585,000	15,663,000	154,998,000
1824.	84,259,000	8,035,000	15,663,000	123,637,000
1825.	42,750,000	2,565,000	15,663,000	76,667,000

Présentant la balance des différens exercices entre les

PAIEMENS.

1818.	(*Voyez* tableau n° 5.)	26,700,000
	Excédant des moyens sur les paiemens au crédit de l'année suivante	300,000
		27,000,000
1819.	. . . .	105,470,000
1820.	. . . .	153,962,000
1821.	. . . .	202,966,000
1822.	. . . .	233,910,000
1823.	. . . .	154,998,000
	Partant cette année, les moyens excèdent les paiemens de	36,002,000
		191,000,000
1824.	. . . .	123,637,000
	Partant cette année, les moyens excèdent les paiemens de	67,363,000
		191,000,000
1825.	. . . .	76,667,000
	Partant cette année, les moyens excèdent les paiemens de	114,333,000
		191,000,000

paiemens *à faire, et les* voies et moyens *d'y pourvoir.*

VOIES ET MOYENS.

1818. Réserve. (*Voyez* page 10.) 27,000,000

1819.	Excédant de l'année précédente	3000,000
	Réserve. (*Voyez* page 10.).	39,000,000
	Valeur à 70 f., de 4,747,000 de rentes, nouvelle émission. (*Voyez* tableau n° 3.)	66,470,000
		105,470,000

1820.	Réserve. (*Voyez* page 10.)	56,000,000
	Valeur à 70 f., de 6,997,000 de rentes, nouvelle émission. (*Voyez* tableau n° 3.)	97,962,000
		153,962,000

1821.	Réserve. (*Voyez* page 9.)	58,000,000
	Excédant du revenu sur les dépenses ordinaires et disponible cette année.	133,000,000
	Valeur à 70 f., de 854,000 de rentes, nouvelle émission. (*Voyez* tabl. n° 3.).	11,966,000
		202,966,000

1822.	Réserve	58,000,000
	Excédant du revenu sur les dépenses ordinaires. .	133,000,000
	Valeur à 70 f., de 3,065,000 de rentes, nouvelle émission. (*Voyez* tableau n° 3.)	42,910,000
		233,910,000

1823.	Réserve	58,000,000
	Excédant du revenu sur les dépenses ordinaires. .	133,000,000
		191,000,000

1824.	Réserve	58,000,000
	Excédant du revenu sur les dépenses ordinaires . .	133,000,000
		191,000,000

1825.	Réserve	58,000,000
	Excédant du revenu sur les dépenses ordinaires. .	133,000,000
		191,000,000

Pour 1826, ainsi que pour les années suivantes, l'actif étant toujours de 191,000,000

Et le passif se trouvant réduit aux seuls arrérages des rentes nouvellement émises, de. 15,663,000

L'excédant disponible, soit pour diminuer les impôts, soit

pour des dépenses utiles, sera de. 175,337,000

Si on ajoute à ces excédans les améliorations successives dans le produit de l'impôt indirect, on verra de quelle prospérité progressive nos finances sont susceptibles.

TABLEAU N° 7.

Pour la vente des bois, pour la valeur de 100 millions à raison de 25 millions par an, payables un cinquième comptant, et les quatre cinquièmes restans dans les quatre années qui suivront celle de la vente.

RENTRÉE DU PRODUIT DE CHAQUE VENTE ; SAVOIR :

années.	de la 1re	de la 2e	de la 3e	de la 4e	TOTAUX.	INTÉRÊTS sur les 5mes.
1817.	5.000,000	»	»	»	5,000,000	1,000,000
1818.	5,000,000	5,000,000	»	»	10,000,000	1,750,000
1819.	5,000,000	5,000,000	5,000,000	»	15,000,000	2,250,000
1820.	5,000,000	5,000,000	5,000,000	5,000,000	20,000,000	2,500,000
1821.	5,000,000	5,000,000	5,000,000	5,000,000	20,000,000	1,500,000
1822.	»	5,000,000	5,000,000	5,000,000	15,000,000	750,000
1823.	»	»	5,000,000	5,000,000	10,000,000	250,000
1824.	»	»	»	5,000,000	5,000,000	»
					100,000,000	

TABLEAU N° 8.

*Présentant les progrès de l'amortissement, les rachats calculés
au prix commun de 70 pour cent.*

Elémens du fonds d'amortissement.		Rachat de chaque année.	Rachat total.
Fonds primitif	20,000,000		
Rachat de 1816.	1,600,000	1,600,000 (1)	
Revenu des bois. . . .	3.000,000		
Rentrée des ventes . .	5,000,000		
1817.	29,600,000	2,114,000	3,714,000
Fonds primitif. . . .	20,000,000		
Rachat	3,714,000		
Revenu des bois. . . .	2.000,000		
Rentrées des ventes. .	10,000,000		
Intérêts sur les 5mes. .	1,000,000		
1818.	36,714,000	2,908000	6,622,000
Fonds primitif. . . .	20,000,000		
Rachat.	6.622,000		
Revenu des bois. . . .	1,000,000		
Rentrée des ventes . .	15,000,000		
Intérêts	1,750,000		
1819.	44,372,000	3,169000	9,791,000
Fonds primitif. . . .	20,000,000		
Rachat	9,791,000		
Revenu	»		
Rentrée	20,000,000		
Intérêts	2,250,000		
1820	52,041,000	3,717,000	13,508,000
Fonds primitif. . . .	20,000,000		
Rachat	13,508,000		
Rentrée	20,000,000		
Intérêts	2,500,000		
1821.	56,008,000	4,000,000	17,508,000
Fonds primitif. . . .	20,000,000		
Rachat.	17,508,000		
Rentrée	15,000,000		
Intérêts	1,500,000		
1822	54,008,000	3,857,000	21,365,000
Fonds primitif. . . .	20,000,000		
Rachat.	21,365,000		
Rentrée	10,000,000		
Intérêts	750,000		
1823.	52,115,000	3,722,000	25,087,000
Fonds primitif. . . .	20,000,000		
Rachat.	25,087,000		
Rentrée	5,000,000		
Intérêts	250,000		
1824.	50,337,000	3,595,000	28,682,000
Fonds primitif. . . .	20,000,000		
Rachat.	28,682,000		
1825.	48,682,000	3,477,000	32,159,000

TABLEAU N° 9.

Comparatif de l'amortissement avec l'émission.

En 1819, les rachats s'élèvent (*Voyez* tab. n° 8) à . . 9,791,000
et l'émission des nouvelles rentes (*Voyez*
tableau n° 3) à. 4,747,000

Partant le rachat excède l'émission de. . . 5,044,000

En 1820, le rachat se compose de l'excédent ci-
dessus. 5,044,000
et du rachat de l'année. 3,717,000

Ensemble. 8,761,000
L'émission est de. 6,997,000

Partant le rachat excède l'émission de. . 1,764,000

En 1821, le rachat se compose de l'excédent ci-
dessus. 1,764,000
et du rachat de l'année. 4,000,000

Ensemble. 5,764,000
L'émission est de. 854,000

Partant le rachat excède l'émission de . . 4,910,000

En 1822, le rachat se compose de l'excédent ci-
dessus. 4,910,000
et du rachat de l'année. 3,857,000

L'émission est de. 5,065,000

Partant le rachat excède l'émission de 5,702,000